그리스도인의
성품

네비게이토 선교회는
국제적이며 복음적인 기독교 기관이다.
예수 그리스도께서는 자기를 따르는 자들에게
“너희는 가서 모든 족속으로 제자를 삼으라”
(마태복음 28:19)는 지상사명을 주셨다.
네비게이토 선교회는 세계 모든 국가에서
예수 그리스도의 일꾼들을 배가시켜
이 지상사명의 성취를 돕는 것을
근본 목표로 하고 있다.

네비게이토 출판사는
네비게이토 선교회의 문서 선교를 담당하고 있다.
본 출판사에서는 그리스도인의 영적 성장을 돕는
서적과 자료들을 출판하여,
그리스도인의 삶의 기초가 견고한
헌신된 제자로 성장하게 하고,
나아가 성숙한 인격과 지도력을 갖춘
일꾼이 되도록 돕고 있다.

그리스도인의 성품

Character of the Christian

SCL4

Studies in Christian Living

그리스도인의 생활 연구 제4권

네비게이토 출판사

TO KNOW CHRIST AND TO MAKE HIM KNOWN

꾸준한 성경공부를 위하여

만약 당신이 '그리스도인의 생활 연구' 1,2,3권을 마쳤으면 성경 말씀을 찾아 상고하여 답을 쓰는 개인적인 성경공부의 유익을 이미 체험했을 것입니다. 당신 스스로가 캐어 낸 말씀이 당신의 매일의 생활 태도와 행동에 어떠한 영향을 끼치고 있는가를 알게 되었을 것입니다.

비록 당신이 조직적인 성경공부가 유익하다는 것을 알고 있을지라도 공부를 계속해 나가는 동안 아마도 저항감을 느끼게 될 것입니다. 그 이유는 그리스도인의 적인 사탄은 당신 생활에서 역사하는 하나님의 말씀의 능력을 알므로 항상 당신을 하나님의 말씀으로부터 떼어 놓으려 애를 쓰고 있기 때문입니다. 사탄은 "너는 너무 바쁘다," "너는 지금 성경공부에 집중할 수 없으니 이 간단한 일 먼저 하고 다음에 성경공부를 하라"…는 핑계로 접근해 옵니다. 사탄은 당신이 하나님 말씀에 집중하는 것을 방해하기 위하여 갖은 유혹을 해오고 다른 사람으로 하여금 당신을 비난하게 하는 등 많은 방해 공작을 합니다.

사탄이 원래 이러한 방해의 원천임을 아는 것은 중요합니다. 이러한 사실은 당신에게 계속적인 성경공부의 중요성을 재인식시켜 주며 승리하고자 하는 당신의 결심을 견고하게 해줍니다.

승리를 얻기 위한 네 가지 제안

첫째, 그리스도께서 이미 사탄과 사탄의 역사를 무너뜨리고 승리하셨다는 것을 믿음으로 받아들이십시오. "우리 주 예수 그리스도로 말미암아 우리에게 이김을 주시는 하나님께 감사하노니"(고린도전서 15:57).

둘째, 주님의 지혜와 능력을 구하십시오.

셋째, 자신을 훈련하십시오. 영적 훈련은 결코 저절로 되는 것이 아닙니다. 당신이 매일 주님과 교제하는 시간을 계속 지켜 나가려고 애쓰는 것같이 성경을 공부하는 시간도 계획을 세워서 열심히 지켜 나가야만 합니다. 매주 일정한 양의 성경공부를 마치도록 분명한 목표를 세우고 그 목표에 도달하도록 부지런히 노력하는 것이 필요합니다. 잠언 13:19에서 "소원을 성취하면 마음에 달아도…"라고 한 바와 같이 당신이 계획한 대로 목표를 성취했을 때 분명히 만족을 얻게 됩니다.

넷째, 성경공부 목표를 이루고 있나 매주 친구와 서로 검사하십시오. 그리고 성경공부에서 받은 축복을 서로 나누십시오.

이 4권은 그리스도인으로서 당신이 그리스도 안에 계속 거하도록 격려하고 있습니다. 이 책은 그리스도인의 성품의 기초 즉 우리 안에 있는 그리스도의 생명, 그리스도인의 생활에 있어야 할 덕, 하나님의 뜻을 발견하는 방법 등을 다루고 있습니다. 이 책은 다음 다섯 과로 되어 있습니다.

- 그리스도 안에서의 성장
- 그리스도를 나타냄
- 온전함을 계발함
- 제자로서의 성장
- 순종과 축복

제 1 과

그리스도 안에서의 성장

"당신은 눈 깜짝할 사이에 완전하게 될 수 없습니다. 당신은 순간적으로 그리스도인이 될 수는 있습니다만 성숙한 그리스도인이 될 수는 없습니다. 순간적으로 그리스도께서 들어오셔서 당신을 깨끗케 해주시고 용서해 주실 수 있습니다. 그러나 당신의 인격이 하나님의 뜻에 맞게 변화되고 다듬어지는 데는 일생이 걸릴 것입니다."

우리의 새로운 생활

1. 하나님께서 우리를 부르시는 목적은 무엇입니까?

(1) 에베소서 1:4

(2) 로마서 8:29

(3) 베드로전서 2:9

2. 요한일서 2:6은 신자들이 어떻게 살아야 한다고 말합니까?

(1) 할 수 있는 최선의 삶을 살아야 한다.

(2) 그리스도께서 사신 것처럼 살아야 한다.

(3) 그리스도 안에 거하고 세상과의 불필요한 접촉을 피해야 한다.

3. 이 새로운 생활은 어떠해야 합니까?

(1) 에베소서 5:1-2

(2) 에베소서 5:8

(3) 에베소서 4:1

(4) 갈라디아서 5:16

4. 우리의 관심은 어디에 집중되어야 합니까?

(1) 골로새서 3:2

(2) 고린도후서 4:18

제2권의 1과 '새 생활'은 같은 주제를 다루고 있습니다. 다시 복습하십시오.

우리는 어떻게 변화되는가

5. 빌립보서 2:13에서,

(1) 우리 안에서 일하시는 분은 누구입니까?

(2) 그분은 무엇을 하십니까?

6. 고린도후서 3:18을 상고하십시오.

(1) 우리는 누구의 형상으로 변화되어 갑니까?

(2) 누가 이 변화를 가져다줍니까?

(3) 우리는 단번에 완전히 변화됩니까?

(4) 이 점에 있어서 우리가 해야 할 책임은 무엇입니까?

(5) 우리가 주님의 영광을 어떻게 볼 수 있습니까?

7. 로마서 12:2에서,

(1) 우리는 무엇을 피해야 합니까?

(2) 우리의 마음은 어떻게 변화되어야 합니까?

(3) 그러면 우리가 무엇을 할 수 있게 됩니까?

8. 에베소서 4:22-24에서,

(1) 하나님을 닮은 우리의 새 성품을 어떻게 묘사했습니까?

(2) 옛 성품과 새 성품에 대한 우리의 관계는 어떠해야 합니까?

우리가 성령으로 말미암아 영적으로 새로 태어났을 때 성령께서는 우리 안에 들어와 사시고 우리에게 새 성품을 주셨습니다. 그러나 우리는 여전히 죄의 욕망과 습성을 가진 옛 성품을 그대로 지니고 있습니다. 그러나 주님을 기쁘시게 하며 주님께 쓰임을 받기 위해서 우리의 새 성품은 살찌우고 발전시키는 반면 옛 성품은 굶기고 약화시키는 것이 우리의 책임입니다.

9. 로마서 13:13-14은 죄에게 굴복해서는 안 될 몇 가지 명확한 표준들을 제시해 줍니다. 이 구절들을 당신 자신의 말로 쓰십시오. (모르는 단어가 있으면 사전을 사용하십시오.)

10. 로마서 6:11-13에서,

(1) 당신 자신에 대해 사실상 어떻게 여겨야 합니까?

(2) 죄에 대한 우리의 관계는 어떠해야 합니까? (12절)

(3) 우리는 무엇을 허락해서는 안 됩니까? (13절)

(4) 우리는 우리 자신을 어떻게 해야 합니까?

이 본문의 전후 구절인 로마서 6:6-18은 중요하며 다소 어렵습니다. 여러 번 읽고 묵상하면 의미를 깨닫고 축복을 얻게 됩니다.

11. 우리는 어떻게 이 새 생활을 유지해 나갈 수 있습니까? (고린도후서 5:7, 히브리서 10:38)

(1) 우리 자신의 능력을 신뢰함으로
(2) 신실함과 부지런함으로
(3) 주님을 믿고 의지함으로
(4) 성경의 중요한 교리들을 분명히 앎으로

믿음의 생활

12. 하나님을 기쁘시게 해드리는 데 가장 기본적인 것은 무엇입니까? (히브리서 11:6)

13. 사람이 어떻게 그리스도인의 생활을 시작하게 됩니까? (에베소서 2:8-9, 로마서 4:5)

14. 그리스도인의 생활을 계속하는 데 필수적인 것은 무엇입니까? (골로새서 2:6-7)

15. 아브라함은 믿음으로 말미암아 무엇을 피할 수 있었습니까? (로마서 4:20)

16. 다음의 구절들에서 믿음의 정의를 내려 보십시오.
    (1) 로마서 4:21

(2) 사도행전 27:25

(3) 히브리서 11:1

"믿음이란 감정도 추측도 외부에 나타난 모양도 아닙니다. 믿음은 성경에서 하나님께서 하신 말씀이 사실이라는 것과 또 하나님께서 성경에서 말씀하신 대로 행하실 것을 확신하는 것입니다."

17. 믿음은 무엇을 가능케 합니까?
    (1) 에베소서 3:12

    (2) 로마서 15:13

    (3) 마태복음 21:22

18. 적을 대항하여 계속해서 승리하는 데 있어 믿음은 어떤 역할을 합니까?
    (1) 에베소서 6:16

    (2) 베드로전서 5:8-9

19. 우리 생활에서 믿음을 실천해야 할 영역은 어떤 것입니까? (마태복음 6:25-30)

20. 당신의 믿음을 파선시키는 것은 무엇입니까? (디모데전서 1:19) (가장 옳은 답에 밑줄을 그으십시오.)
(1) 이해의 부족
(2) 양심을 무시하는 것
(3) 다른 사람의 충고를 듣지 않는 것

21. 야고보서 1:2-4에서,
(1) 시련에 대한 우리의 반응은 어떠해야 합니까?

(2) 왜 하나님께서는 시련을 허락하십니까?

“곤경, 제약, 훼방과 사별, 손실 등으로 인해 우리는 극도로 맥이 빠지지만 이러한 것은 하나님께서 우리를 성장시키기 위해 사용하시는 매개물인 것입니다. 마치 한 유아가 영양을 공급받고 운동함으로써 그의 손발이 발육되는 것처럼 영적인 면에서 그리스도인들은 역경을 통해 강하게 됩니다.”

-조지 뮐러

22. 성숙한 믿음에 따르는 경건한 성품들은 무엇입니까? (디모데전서 6:11)

23. 시편 37:5을 당신 자신의 말로 쓰십시오.

24. 히브리서 11장을 읽고 '믿음'이란 말이 몇 번이나 사용되었나 기록하고, 믿음으로 말미암아 성취된 일들이 얼마나 많은가를 알아보십시오.

이 중에서 당신이 가장 경탄할 만한 일이라고 생각하는 것은 어떤 것입니까?

25. 이 과에서 당신이 좋아하는 한두 개의 성경 구절들을 쓰십시오.

이 말씀을 통해 주님께서 특별히 당신 개인에게 말씀하시는 것은 무엇입니까?

제 2 과

그리스도를 나타냄

사랑은 오래 참고 사랑은 온유하며 투기하는 자가 되지 아니하며 사랑은 자랑하지 아니하며 교만하지 아니하며 무례히 행치 아니하며 자기의 유익을 구치 아니하며 성내지 아니하며 악한 것을 생각지 아니하며 불의를 기뻐하지 아니하며 진리와 함께 기뻐하고 모든 것을 참으며 모든 것을 믿으며 모든 것을 바라며 모든 것을 견디느니라. (고린도전서 13:4-7)

행동으로 나타내는 사랑

"전 세계를 사랑한다고 하는 것은 어려운 일이 아니다.
참으로 문제 되는 것은 내 이웃에 대한 사랑이다."

1. 사랑을 어떻게 묘사했습니까? (로마서 13:10)

2. 진정한 사랑의 특성은 무엇입니까? (고린도전서 13:4-7)

"사랑이 적을 때 허물은 크게 보인다."

3. 사랑이 없을 때 무익한 것은 무엇입니까? (고린도전서 13:1-3)

고린도전서 13장과 요한일서 4장은 사랑에 대해 쓴 위대한 장들입니다.

4. 우리가 그리스도를 따르는 자들이라는 것을 가장 명확히 증거해 주는 것은 무엇입니까? (요한복음 13:34-35)
   (1) 그리스도에 대해 힘있게 말할 수 있는 우리의 능력
   (2) 우리의 열심과 헌신적인 교회 봉사
   (3) 다른 그리스도인들에 대한 우리의 사랑
   (4) 전도에 대한 우리의 열심과 열매

5. 다음 구절에서 사랑에 대한 명령은 무엇입니까?

(1) 요한일서 4:7,21

(2) 로마서 12:9

(3) 고린도전서 16:14

"인간은 특히 사랑을 받을 만한 자격이 없을 때 사랑을 필요로 합니다."

6. 이 사랑이 어떻게 우리의 것이 됩니까?

(1) 요한일서 4:10,19

(2) 로마서 5:5

7. 그리스도인은 누구를 사랑해야 합니까?

(1) 마가복음 12:30

(2) 데살로니가전서 3:12

(3) 누가복음 6:27-28

(4) 에베소서 5:25,28

(5) 디도서 2:3-4

8. 사랑을 어떻게 나타내야 합니까?

(1) 요한일서 3:18

(2) 에베소서 4:2-3

(3) 베드로전서 4:8-9

“권위 있는 건강 협회에서는 많은 병의 원인이 생활에 대한 반응에서 온다고 판단을 내렸습니다. 장기간 심한 증오를 품는 것은 뇌를 상하게 하고 또한 심장 장애와 고혈압과 소화 불량을 일으킬 수 있습니다. 이 모든 것들은 아주 심각한 것이므로 때로는 사람이 죽을 수도 있습니다. 증오는 인체의 훌륭한 조직을 고의적으로 파괴시킵니다. 우리는 하나님께서 주신 사랑이란 약을 얼마나 필요로 하는지!”

-로버트 포스터

선한 일을 행함

9. 누구를 위해서 우리는 선한 일을 해야 합니까? (히브리서 6:10)

10. 디도서 3:8에서,

(1) 누가 선한 일을 하도록 명령을 받았습니까?

(2) 그들은 왜 선한 일을 해야 합니까?

11. 우리가 선한 일을 해야 할 또 다른 이유는 무엇입니까?

(1) 마태복음 5:16

(2) 에베소서 2:10

(3) 디도서 2:14

(4) 요한계시록 14:13

(5) 에베소서 6:8

12. 성경은 아래 사람들의 생애를 어떻게 묘사하고 있습니까?
(1) 예수님 (사도행전 10:38)

(2) 도르가 (사도행전 9:36)

(3) 뵈뵈 (로마서 16:1-2)

13. 하나님께서 원하시는 선행은 어떤 것입니까?
(1) 고린도전서 10:24

(2) 디모데전서 6:18

14. 로마서 12:6-21은 30여 가지의 선행과 그리스도인의 봉사와 성품에 대한 수준을 열거하고 있습니다. 그중 당신 생활에서 가장 필요한 것 두세 가지를 적어 보십시오.

이 문제에 대해 더 상고할 수 있는 말씀은 마태복음 25:35-40과 마태복음 5,6,7장의 그리스도의 산상수훈입니다.

15. 우리가 선한 일을 할 수 있는 능력을 어떻게 받습니까?

(1) 빌립보서 2:13

(2) 요한복음 15:4

16. 우리는 어떻게 섬겨야 합니까?

(1) 골로새서 3:17

(2) 고린도전서 10:31

(3) 히브리서 10:24

“필요한 모든 은혜, 지혜, 그리고 기술을 기도와 믿음으로써 하나님께로부터 얻을 수 있는 우리 그리스도인들이 악한 종, 악한 상인, 그리고 악한 주인이 될 수 없다는 것은 당연한 일이다.”

-조지 뮐러

17. 갈라디아서 6:9-10을 당신 자신의 말로 쓰십시오.

“말을 잘하는 것보다 행동을 잘하는 것이 훨씬 낫다.”

18. 우리는 무엇을 주의해야 합니까?

(1) 요한일서 3:17-18

(2) 야고보서 2:15-17

(3) 디도서 1:16

겸손의 실행

"겸손이란 마음의 완전한 평온을 말합니다. 초조해 하거나 슬퍼하거나 실망하지 않습니다. 겸손은 아무것도 기대하지 않으며 내게 일어난 일을 이상히 여기지 않습니다. 아무도 나를 칭찬하지 않을 때나 내가 비난과 멸시를 당할 때에도 겸손은 나를 평안하게 해줍니다."

-앤드류 머리

19. 겸손을 가장 잘 나타낸 것은 무엇입니까? (빌립보서 2:5-8)

20. 하나님께서는 자기 백성들에게 무엇을 원하십니까?

(1) 미가 6:8

(2) 베드로전서 5:5

(3) 로마서 12:3

(4) 잠언 27:2

21. 하나님께서는 무엇을 약속하십니까?

(1) 야고보서 4:10

(2) 잠언 29:23

(3) 시편 25:9

22. 누가복음 22:24-27은 그리스도께서 죽으시기 전에 제자들과 마지막 시간을 함께 보내신 것을 기록한 것입니다.

(1) 제자들은 무엇을 가지고 서로 다투었습니까?

(2) 예수님께서는 그분의 겸손을 어떻게 나타내셨습니까?

(3) 그리스도를 따르는 사람들은 어떻게 행동해야 합니까?

23. 누가복음 14:7-11에서,

(1) 교만의 증거는 무엇입니까?

(2) 사람을 높이시는 하나님의 원칙은 무엇입니까? (11절)

24. 교만에 대해 우리에게 주신 경고는 무엇입니까?

(1) 잠언 11:2

(2) 잠언 16:5

(3) 야고보서 4:6

25. 빌립보서 2:3-4을 당신 자신의 말로 쓰십시오.

"겸손이란 자신을 단순히 낮게 생각하는 것이 아닙니다. 자신을 전혀 생각지 않고 그리스도만을 더욱더 생각하는 것입니다."

-케이스 브룩스

26. 사랑을 가장 잘 요약한 구절은 무엇입니까?

선행에 대한 구절은?

겸손에 대한 구절은?

이 세 가지 중에서 당신 생활에 가장 필요한 것은 무엇입니까? 당신 생활에 어떻게 그것을 적용하겠습니까?

제 3 과

온전함을 계발함

"믿는 자의 생활을 통해서 나타나는 예수 그리스도야말로 그리스도인의 인격이다."

혀의 힘

1. 사람의 혀를 어떻게 묘사했습니까?
   (1) 야고보서 3:8-10

   (2) 시편 52:2-4

2. 혀에 대한 세 가지 경고는 무엇입니까?
   (1) 잠언 10:19

   (2) 잠언 17:9

   (3) 야고보서 1:26

"이 세상에서 가장 거세고 길들이기 어려운 피조물은 입 안에 숨은 혀다."

3. 하나님께서는 우리의 혀가 어떻게 쓰여지기를 원하십니까?

(1) 이사야 50:4

(2) 시편 35:28

(3) 시편 145:10-12

4. 하나님께서는 우리의 말에 대해 어떤 교훈을 주고 계십니까?

(1) 야고보서 4:11

(2) 에베소서 4:25

(3) 에베소서 4:15

(4) 잠언 21:23

야고보서 3장과 잠언 10,15장은 혀를 잘 사용하고 잘못 사용하는 데 대한 많은 좋은 충고를 해줍니다.

5. 우리의 말은 무엇을 나타내 줍니까? (마태복음 12:34-35)

6. 어리석은 사람의 특징은 무엇입니까?
   (1) 전도서 10:14

   (2) 잠언 15:2

   (3) 잠언 29:11

7. 은혜스럽고 적절한 말은 어떤 작용을 합니까?
   (1) 잠언 12:25

   (2) 잠언 16:24

(3) 잠언 15:1

(4) 에베소서 4:29

8. 혀에 대해서 배운 것을 복습하고 시편 141:3을 상고하십시오. 당신의 언어생활에서 주님께서 지켜 주시도록 기도해야 할 영역은 무엇입니까?

부주의한 말 한 마디가 싸움의 불씨가 되고
잔인한 말 한 마디가 삶을 파괴합니다.
쓰디쓴 말 한 마디가 증오의 씨를 뿌리고
무례한 말 한 마디가 사랑의 불을 끕니다.
은혜스런 말 한 마디가 길을 평탄케 하고
즐거운 말 한 마디가 하루를 빛나게 합니다.
때에 맞는 말 한 마디가 긴장을 풀어 주고
사랑의 말 한 마디가 병을 낫게 하고 축복을 줍니다.

순결이 얼마나 중요한가

9. 마음이 순결한 자에게 하나님께서는 무엇을 약속하십니까?
   (1) 시편 24:3-5

   (2) 마태복음 5:8

10. 거룩한 삶에 대한 하나님의 수준은 어떤 것입니까? (베드로전서 1:14-15) (가장 좋은 답에 밑줄을 그으십시오.)
   (1) 오늘날의 사회 수준 이상으로 사는 것
   (2) 다른 그리스도인의 수준과 모범을 따르는 것
   (3) 생의 모든 영역에 있어 그리스도 자신처럼 거룩하게 사는 것
   (4) 어리석은 습관에 빠지지 않는 것

11. 순결치 못한 것에 대한 그리스도의 수준은 어떻습니까? (마태복음 5:27-28)

생각을 심으면 행동을 거두고,
행동을 심으면 습관을 거두고,
습관을 심으면 인격을 거둔다.

12. 악한 욕망은 어디에서 옵니까?
(1) 마가복음 7:21-23

(2) 갈라디아서 5:19

13. 하나님께서는 부정함을 행하는 자를 어떻게 묘사하십니까? (에베소서 4:18-19)

14. 우리의 말에 대해서 하나님께서는 어떤 명령을 하십니까? (에베소서 5:3-4)

15. 왜 그리스도인은 부도덕한 것을 피해야 합니까?

(1) 데살로니가전서 4:3,7-8

(2) 고린도전서 6:15-20

(3) 요한일서 2:15-16

16. 주님을 기쁘시게 하는 깨끗한 삶을 살기 위해 우리는 무엇을 할 수 있습니까?

(1) 갈라디아서 5:16

(2) 잠언 7:1-3,5

(3) 시편 51:10

(4) 디모데후서 2:22

(5) 골로새서 3:5

잠언 7장에서(잠언 2,5,6장도 같이) 하나님의 말씀을 알고 자기 개인의 것으로 적용하는 것이 부도덕으로부터 우리를 어떻게 보호해 주는가를 잘 상고해 보십시오.

> “사람이 마음을 억지로 평온하게 할 수 없는 것같이 더러운 마음을 억지로 순결하게 할 수는 더욱 없습니다. 마음을 순결하게 하기 위하여 성령의 지배에 맡겨야 하며 부정한 것을 피해야 합니다. 마음을 정결하게 하려면 마음을 지켜야 합니다. 마음을 하나님의 순수한 진리의 말씀으로 가득 채우십시오.”
>
> -케이스 브룩스

17. 순결에 대해 잘 요약한 구절은 무엇입니까?

부정함을 피하는 구절은?

순결에 대한 하나님의 수준에서 당신의 생각을 멀리하려고 유혹하는 것이 어떤 것들이며 그것들을 피하기 위해 당신은 무엇을 할 수 있습니까?

왜 정직해야 하는가

18. 그리스도인의 선한 목표는 무엇입니까?

(1) 고린도후서 8:21

(2) 누가복음 6:31

19. 다른 사람들과의 관계에 있어서 참되어야 할 것이 무엇입니까?

(1) 레위기 19:11

(2) 레위기 25:14

(3) 신명기 25:13-16

거짓이란 말, 행동, 태도, 또는 침묵으로 나타나는 모든 종류의 속임수입니다. 예를 들면, 고의적인 과장, 진실의 왜곡, 거짓된 인상의 조장 등입니다.

20. 하나님께서는 무엇을 원하십니까?

(1) 스가랴 8:16-17

(2) 에베소서 4:28

(3) 로마서 13:7

(4) 신명기 24:14-15

정직의 필수적 두 가지 수준

- 모든 것을 정직한 방법으로 얻도록 하십시오.
- 언제나 말을 해야 할 필요가 있는 것은 아니며, 특히 의견인 경우에는 더욱 그렇습니다. 그러나 일단 말을 할 때는 진실을 말하되, 반드시 사랑, 온유, 예의가 수반되어야 합니다. '선의의 거짓말'이란 있을 수 없습니다.

21. 거짓은 어디서 나옵니까?

(1) 요한복음 8:44

(2) 골로새서 3:9-10

22. 하나님께서는 무엇을 보십니까?

(1) 아모스 5:12

(2) 히브리서 4:13

23. 부정직은 기도에 어떤 영향을 미칩니까? (이사야 59:1-3)

거짓의 한 가지:
"누구나 다 시험 볼 때 곁눈질하는데 뭐" 또는 "내가 비록 십만 원을 탈세했지만 그 절반을 교회에 바칠 텐데" 등으로 **합리화**하는 것입니다.

24. 바울은 깨끗한 양심을 어떻게 설명하고 있습니까? (사도행전 24:16)

바울도 깨끗한 양심을 유지하기 위하여 힘썼습니까?

양심은 말씀으로 말미암아 예리하게 되었을 때에만 최선의 기능을 발휘할 수 있습니다.

25. 시편 기자는 그의 정직을 유지하기 위해 무엇을 했습니까? (시편 119:29-30)

"사람이 갖고 있는 가장 귀한 능력 중 한 가지는 사실을 그대로 표현하는 능력입니다. 어떤 사실에 대해 그 정확한 길이, 넓이, 상호관계 그리고 의미 등을 이해하며 정확하고 충실하게 그 사실을 언어로 표현하는 것은 단지 성령에 의해서 잘 균형 잡혀지고 은사를 받은 자들에게만 나타나는 특징입니다."

-케이스 브룩스

제 4 과

제자로서의 성장

"그리스도인의 거룩한 삶은 여러 가지 작은 일들로 이루어집니다. 즉 능변의 설교가 아닌 몇 마디의 말, 기적적인 사건이 아닌 작은 행동으로 됩니다. 약간의 변덕, 작은 약점, 약간의 어리석음이나 육신의 방종 등과 같은 사소한 악을 피하는 것이 바로 삶을 아름답고 거룩하게 하는 것입니다."

-앤드류 보나

근면과 훈련

1. 우리의 하는 일이 어느 때 주님을 기쁘시게 합니까? (골로새서 3:23-24)

2. 잠언 13:4에서,

(1) 게으른 자의 소원은 어떤 결과를 가져옵니까?

(2) 어떤 사람이 영적으로 형통합니까?

3. 히스기야는 얼마나 많은 일에서 형통했습니까? (역대하 31:21)

무엇이 그를 형통하게 했습니까?

4. 성경은 게으른 사람에 대해 어떻게 말하고 있습니까?

(1) 잠언 21:25

(2) 잠언 18:9

(3) 전도서 10:18

"신앙의 위인들이 도달하고 유지한 높은 경지는 한순간의 비약으로 얻어진 것이 아닙니다. 그들은 자기의 동료들이 잠자는 동안 밤에도 앞을 향해 애써 전진했던 것입니다."

5. 에베소서 5:15-16을 생각하십시오.
   (1) 지혜로운 그리스도인은 어떻게 행합니까?

   (2) 우리는 우리의 시간을 어떻게 해야 합니까?

   (3) 왜 이렇게 살아야 합니까?

   (4) 당신의 시간을 더 유용하게 사용할 수 있는 한두 가지 방법들을 열거하십시오.

당신의 시간을 유용하게 사용하는 방법

1. 기도를 통한 계획-해야 할 일들을 우선순위로 나열할 것.
2. 순종에 의한 선택-가장 중요한 일을 먼저 하고 미완성의 일들은 주님께 맡길 것.
3. 집중과 근면-선택한 일은 전심으로 할 것. 한 번에 한 가지 일을 하며 그 일 전체(또는 일부를 선택했든지)가 완성될 때까지 계속하십시오. 마음을 여기저기 흩어 놓지 마십시오.

"어제, 해 뜨고 해 지는 사이 그 어디선가, 일 분이 한 개의 다이아몬드 같은 황금 같은 두 시간을 잃어버렸다. 그 시간은 영원히 가버렸기에 보상될 수 없다."

6. 다니엘의 충성의 결과는 무엇이었습니까? (다니엘 6:4)

7. 그리스도의 일꾼과 하나님의 비밀을 맡은 자에게 필요한 것은 무엇입니까? (고린도전서 4:1-2) (가장 좋은 답에 밑줄을 그으십시오.)

(1) 열정　　(2) 재능

(3) 충성　　(4) 열심

8. 고린도전서 9:24-27에서,

(1) 그리스도인이 경주에서 승리를 하기 위해서는 어떤 요건들이 중요합니까?

(2) 훈련은 영적인 유익과 연관이 됩니까?

"성결되고 헌신적이고 전심전력하는 자라도 훈련이 되지 않으면 거의 가치가 없습니다."

-허드슨 테일러

고난의 목적

"하나님께서 주신 모든 것은 필요한 것이며, 하나님께서 허락지 않으신 모든 것은 불필요한 것입니다."

-존 뉴턴

9. 누가복음 6:22-23을 상고하십시오.

(1) 그리스도인에게는 어떤 고난이 있을 수 있습니까?

(2) 그의 반응은 어떠해야 합니까?

(3) 그리스도께서는 무엇을 약속하십니까?

10. 베드로전서 2:20-21에서,

(1) 우리가 당연히 받아야 할 고난을 참을성 있게 받아들이는 것보다 하나님을 더 기쁘시게 하는 것은 무엇입니까?

(2) 왜 우리는 고난을 받습니까?

(3) 예수님께서는 우리에게 무엇을 남겨 주셨습니까?

11. 그리스도께서는 자기를 비난하고 괴롭게 하는 사람들에게 어떻게 하셨습니까? (베드로전서 2:23)

(1) 그들의 불의를 고소했다.

(2) 핍박하는 자들을 정죄했다.

(3) 그들에게 하나님의 심판을 경고했다.

(4) 그들의 모욕과 박해를 잠잠히 받아들였다.

이사야 52:13에서 53:12까지는 예수님을 고난받는 하나님의 종으로 기록한 놀라운 말씀입니다.

12. 고난의 한 가지 원천과 이유는 무엇입니까? (요한복음 15:18-19)

13. 그리스도인이 받는 고난의 몇 가지 목적은 무엇입니까?
(1) 히브리서 12:6

(2) 요한복음 15:2

(3) 베드로전서 1:6-7

(4) 데살로니가후서 1:4-5

"정원사는 나뭇가지를 칠 때 항상 나무와 가장 가까이 있습니다."

히브리서 12:1-11과 베드로전서 전체는 고난에 대한 목적과 밝은 약속들을 많이 보여 주고 있습니다.

14. 우리가 고난을 받을 때 조심해야 할 태도와 행동은 무엇입니까? (로마서 12:19) (정답에 밑줄을 그으십시오.)

(1) 자기만족　　(2) 앙갚음　　(3) 실망

그 이유는 무엇입니까?

15. 아래 사람들이 보여 준 고난에 대한 태도는 어떠했습니까?

(1) 모세 (히브리서 11:25)

(2) 욥 (욥기 1:20-22)

(3) 사도들 (사도행전 5:40-41)

(4) 스데반 (사도행전 7:59-60)

(5) 바울 (로마서 8:18)

"초대교회의 그리스도인들은 자기들의 고난이 무한한 은혜로 보상된다는 것을 알았습니다. 그들은 자신을 핍박받기에 합당한 자로 여기어 도리어 기쁨에 젖어 있었습니다. 그런데 우리 미지근한 자들은 아무런 고생도 하려하지 않습니다. 왜냐하면 우리는 굳세게 해주는 소망을 갖지 못했기 때문입니다. 우리는 가장 가벼운 십자가마저도 감당하지 못하고 더구나 우리의 교만, 어리석음이나 약점들 밑에서도 힘을 못 쓰는 자들입니다."

-프랑솨 페넬롱

16. 고난이 가져다주는 것은 무엇입니까?

(1) 히브리서 12:11

(2) 고린도후서 1:3-4

(3) 시편 119:67,71

(4) 고린도후서 4:17

하나님의 뜻을 발견함

우리 생활의 여러 영역에서 그리스도인에 대한 하나님의 뜻을 성경에서 분명히 볼 수 있습니다. 이런 경우에 하나님의 뜻을 행하는 것은 단순히 순종의 문제입니다. 또한, 다른 영역에서도 성경은 하나님의 뜻을 찾고 어떤 일을 결정하는 데 필요한 원리들을 보여 줍니다.

17. 하나님께서는 우리를 어떻게 인도해 주신다고 약속하십니까? (시편 32:8)

18. 우리가 하나님의 뜻을 행하기 위한 힘의 원천은 무엇입니까? (빌립보서 4:13, 요한복음 15:5)

19. 하나님의 뜻을 발견하기 위한 조건은 무엇입니까? (로마서 12:1-2)

"하나님의 뜻이 무엇이든 간에 우리의 마음이 그 뜻을 행할 준비가 되었다면 주님의 뜻을 찾는 데 따르는 어려움의 십중팔구는 해결된 것입니다."

20. 우리는 하나님의 뜻과 안전하신 인도를 어떻게 이해하게 됩니까?
(1) 시편 119:105,130

(2) 시편 37:31

21. 하나님의 뜻을 알기 위해 우리는 무엇을 해야 합니까? (야고보서 1:5, 시편 143:8)

22. 그리스도인들이 복음을 들고 유대와 사마리아 전역으로 흩어지게 하기 위해 하나님께서 무엇을 허락하셨습니까? (사도행전 8:1,4-5)

23. 하나님께서 우리를 인도하시고 확신을 주시기 위해 사용하시는 다른 중요한 방법들은 무엇입니까?
(1) 요한복음 16:13

(2) 잠언 15:22

(3) 요한일서 3:21, 이사야 32:17

(4) 시편 84:12, 잠언 3:5-6

"사탄은 사람을 몰아가나, 하나님께서는 사람을 인도하신다."

24. 당신은 하나님의 뜻을 발견하는 근본 요소들을 공부했습니다. 다음에 요약한 제목들에 맞는 구절들을 골라 적으십시오.

(1) 하나님께 기꺼이 복종하려는 태도

(2) 하나님의 말씀

(3) 기도

(4) 섭리를 베풀어 주시는 환경

(5) 성령

(6) 경건한 상담

(7) 내적 평안

(8) 믿음

하나님께서는 때로 위의 여러 방법 중 두세 가지를 통해서 인도하십니다. 그러나 당신이 이 방법의 모두를 통해서 동일한 인도를 발견할 때 하나님의 뜻을 더 확신할 수 있습니다. 그러나 주님께서 결코 말씀에 정반대 되도록 당신을 인도하시지 않는다는 것을 알아야 합니다.

…하나님의 뜻에 대해 제6권에서 더 배우게 됩니다.

그리스도인이 하나님의 뜻을 찾지 않으면 안 될 또 하나의 중대한 영역은 결혼입니다.

25. 결혼에 대해 하나님께서 보여 주신 뜻은 무엇입니까?

(1) 잠언 18:22

(2) 고린도후서 6:14-15

(3) 잠언 31:30

(4) 고린도전서 7:39

26. 다음 사람들에 대한 하나님의 뜻은 무엇입니까?

(1) 남편 (에베소서 5:25,28)

(베드로전서 3:7)

(2) 아내 (에베소서 5:22-24)

(잠언 31:12,26-27)

27. 모든 인간관계에 대한 하나님의 뜻은 무엇입니까?

(1) 마태복음 6:33

(2) 고린도전서 10:31-33

28. 이 과의 각 부분을 복습하고 아래에 기록한 제목에 대해 요약된 구절들을 적어 보십시오.

부지런함

고난

하나님의 뜻을 발견함

이 제목들 중 한 제목의 성경 구절을 당신 생활에 어떻게 적용할 수 있겠습니까?

도중에 한 과라도 빠뜨리지 않고 지속적으로 성경공부를 할 수 있도록 **제5권**을 미리 구입해 두십시오.

제 5 과

순종과 축복

"하나님에 의해 쓰임을 받을 수 있고 그분의 뜻을 알며 성령 충만한 생활에 이르는 열쇠는 하나님의 말씀에 순종하는 것입니다."

-존 미첼

1. 세상에 대한 예수 그리스도의 중요한 관심은 무엇입니까? (히브리서 10:7, 요한복음 6:38-39)

2. 로마서 5:19에서,

(1) 아담의 불순종은 어떤 결과를 가져왔습니까?

(2) 그리스도의 순종의 결과는 무엇이었습니까?

3. 우리의 순종은 다음의 어떤 것을 의미합니까? (요한복음 14:15)

(1) 그리스도를 섬기는 우리의 성실

(2) 그리스도를 위해 기꺼이 희생하고자 하는 마음

(3) 그리스도에 대한 우리의 사랑

(4) 그리스도의 왕국에 대한 우리의 열정

4. 요한일서 2:3-4에서,

(1) 하나님의 말씀을 순종하는 것이 무엇을 입증해 줍니까?

(2) 말씀을 불순종하는 것이 무엇을 입증해 줍니까?

순종에 대한 약속과 축복

5. 우리가 무엇을 해야 기도의 응답을 받게 됩니까? (요한일서 3:22)

6. 하나님의 진리를 순종함으로 얻는 두 가지 결과는 무엇입니까? (베드로전서 1:22) (정답들에 밑줄을 그으십시오.)
   (1) 하나님을 위해 더 열심히 봉사하게 한다.
   (2) 다른 그리스도인들을 사랑하게 한다.
   (3) 지도자가 되게 한다.
   (4) 우리 영혼을 깨끗하게 한다.
   (5) 보다 인기 있는 그리스도인이 되게 한다.

7. 우리가 하나님의 말씀에 순종하지 않는다 하더라도 하나님께 대한 선의를 가졌다면 인정을 받습니다. (마태복음 21:28-31)
   옳음　　　　　　틀림

8. 예수님께서 자신의 말을 듣고 순종하는 사람의 생활을 무엇에 비유하십니까? (마태복음 7:24-27)

하나님께서는 행위가 따르지 않는 예배나 열성은 기뻐하시지 않습니다. 하나님께서는 에스겔에게 "백성이 모이는 것같이 네게 나아오며 내 백성처럼 네 앞에 앉아서 네 말을 들으나 그대로 행치 아니하니 이는 그 입으로는 사랑을 나타내어도 마음은 이욕을 좇음이라"(에스겔 33:31)고 말씀하셨습니다.

9. 하나님께서는 누가 누구에게, 왜 순종하기를 원하십니까?

	누가	누구에게
(1) 골로새서 3:20	______	______
왜? ______		
(2) 에베소서 5:22-24	______	______
왜? ______		
(3) 히브리서 13:17	______	______
왜? ______		
(4) 에베소서 6:5-8	______	______
왜? ______		
(5) 로마서 13:1-2	______	______
왜? ______		

10. 이러한 표준들이 자주 변경됩니까?

(1) 만일 남편이 구원받지 못했다면 아내는 어떻게 해야 합니까? (베드로전서 3:1)

(2) 종(혹은 고용인)이 만일 견디기 힘든 까다로운 고용주를 가졌다면 어떻게 해야 합니까? (베드로전서 2:18-19)

11. 순종하는 그리스도인에게 무슨 축복이 보장되어 있습니까?

(1) 요한복음 15:10

(2) 요한복음 15:14

(3) 요한복음 14:23

(4) 요한일서 2:5

12. 십계명을 간단히 요약하십시오. (출애굽기 20:3-17)

(1) 3절

(2) 4-6절

(3) 7절

(4) 8-11절

(5) 12절

(6) 13절

(7) 14절

(8) 15절

(9) 16절

(10) 17절

13. 신약에 나타난 두 개의 큰 계명은 무엇입니까? (마가복음 12:28-31)

14. 마태복음 22:40에서 예수님께서는 십계명이 두 개의 큰 계명에 요약되어 있다고 말씀하셨습니다.

(1) 첫째 되는 큰 계명 즉 하나님을 사랑하는 것은 십계명 중 어떤 것들입니까?

(2) 다른 사람들을 사랑하라는 둘째 되는 큰 계명에 속한 것은 십계명 중 어떤 것들입니까?

제2권의 2과인 '그리스도의 주재권'을 복습하고, 그중 '실천함으로 그리스도를 주님으로 삼자'란 제목 안에 있는 성경 구절들과 지금 이 과에 나오는 성경 구절들을 비교하십시오. 신약 전체를 통해 그리스도인에게 많은 명령들을 하고 있습니다. 성경을 읽고 공부할 때 그 명령들을 주의해 보십시오.

15. 우리는 어떤 태도로 순종해야 합니까?

(1) 시편 40:8

(2) 신명기 26:16

(3) 여호수아 1:7

16. 하나님의 말씀을 순종하는 데 있어 시편 119:59-60은 무엇을 가르쳐 줍니까?

"즉시 순종하지 않는 것도 불순종입니다."

17. 우리의 판단에 하나님의 말씀이 모순된 것 같을 때 우리는 어떻게 해야 합니까? (누가복음 5:4-7)

순종의 모범

하나님의 위대한 종들은 대부분 순종하는 데에 뛰어났습니다. 신구약을 통해 수백 가지의 실례를 볼 수 있습니다. 히브리서 11장에 열거된 구약시대의 인물 중 믿음과 순종의 영웅들을 살펴보십시오.

18. 아브라함의 두 가지 위대한 순종은 무엇이었습니까?

(1) 창세기 12:1-4 (히브리서 11:8)

(2) 창세기 22:1-3, 9-12

(3) 창세기 26:4-5에서 하나님께서 아브라함의 자손에 대해 약속하신 것은 무엇이었습니까?

19. 사도행전 13:22에서 하나님께서 다윗에게 유별난 칭찬을 하신 것은 무엇입니까?

왜?

순종하는 그리스도인은…
그리스도께서 생각하시는 대로 생각하며
그리스도께서 보여 주시는 대로 생활하고
그리스도께서 말씀하시는 대로 말하며
그리스도께서 도우시는 대로 돕습니다.

불순종의 위험

"그리스도인이 그릇된 자리에 있을 때, 그가 있어야 할 참된 자리는 비어 있을 것입니다."

20. 스가랴 7:11-14을 살펴보십시오.

(1) 백성들이 하나님의 교훈에 대해 어떻게 반응했습니까?

(2) 그 반응이 기도에 어떤 영향을 주었습니까?

(3) 그 결과는 무엇이었습니까?

21. 사무엘상 15:18-23에서 온전한 순종 대신에 사울 왕은 자기 방법대로 예배하고 변명을 했습니다.

(1) 사무엘의 대답은 무엇이었습니까?

(2) 완고함과 거역은 무엇에 비교됩니까?

(3) 그의 불순종은 자신에게 어떤 비참한 결과를 가져왔습니까?

22. 하나님께서 당신의 삶에서 더욱 순종하기 원하시는 영역은 무엇입니까?

이 영역에서 당신은 언제 어떻게 당신의 발걸음을 하나님의 길로 돌리겠습니까?

제5권은 〈믿음의 기초〉입니다.

이 책은 다음과 같은 내용을 다루고 있습니다.

- 하나님은 누구십니까
- 성령
- 당신의 적을 아십시오
- 죄와 승리
- 그리스도는 다시 오시는가

그리스도인의 성품

초판 1쇄 발행 : 1973년 4월 1일
3판 1쇄 발행 : 2011년 6월 1일
3판 13쇄 발행 : 2024년 9월 27일

펴낸곳 : 네비게이토 출판사 ©
주소 : 03784 서울시 서대문구 연희로 16 (창천동)
전화 : 334-3305(대표), 334-3037(주문), FAX : 334-3119
홈페이지 : http://navpress.co.kr
출판등록 : 제10-111호(1973년 3월 12일)

ISBN 978-89-375-0391-7 03230